Weight of Light

Also by Hanne Bramness

In English
Salt on the eye: Selected Poems
No film in the camera

In Norwegian
Korrespondanse
I sin tid
Nattens kontinent
Revolusjonselegier
Regnet i Buenos Aires
Salt på øyet
Det står ulver i din drøm
Uten film i kameraet
Vekta av lyset
Den ukjente
Fra håpets historie

For Children
Kysset
Trollmåne
Lynettes reise
Solfinger
Skogen i hjartet
Vintersong

Also by Frances Presley

The Sex of Art
Hula Hoop
Linocut
Neither the One nor the Other *(with Elizabeth James)*
Automatic cross stitch *(with Irma Irsara)*
Paravane
Myne – new and selected poems & prose 1975-2006
Lines of sight
Stone settings *(with Tilla Brading)*
An Alphabet for Alina *(with Peterjon Skelt)*
Halse for hazel
Sallow

Hanne Bramness

Weight of Light

poems and prose poems

translated from Norwegian by
Frances Presley & the author

Shearsman Books

First published in the United Kingdom in 2017 by
Shearsman Books
50 Westons Hill Drive
Emersons Green
BRISTOL
BS16 7DF

Shearsman Books Ltd Registered Office
30–31 St. James Place, Mangotsfield, Bristol BS16 9JB
(this address not for correspondence)

www.shearsman.com

ISBN 978-1-84861-546-5

Vekta av lyset copyright © Cappelen Damm AS 2013.
Translations copyright © Frances Presley
and Hanne Bramness 2017.

The right of Hanne Bramness to be identified as the author
of this work, and of Frances Presley and Hanne Bramness to be
identified as the translators thereof, has been asserted by them in
accordance with the Copyrights, Designs and Patents Act of 1988.
All rights reserved.

Acknowledgements
Vekta av lyset was originally published in Norway
in 2013 by Cappelen Damm AS, Oslo.

Some of these poems were published in *Osiris* 82, 2016,
edited by Andrea Moorhead.

This publication of this translation has been made possible
through the financial support of NORLA,
Norwegian Literature Abroad.

Contents

I

Weight of light	11
Double lily	13
Preparations	15
The Eye	17
Insect hours	21
Words with red letters	23
Hunger	25
Inside the circle of light	27
In the woods	29
Light writing	37
Washing left on the line	43
At the hospital	49
Museum	51
Snow light	57
Buoyant	59
Thoughts on the spectrum	61

II

Secret of the century	65
Breath of a poem	69
Off the main road	71
Silent summer	73
Lost Lake	75
Concert	77
Near sight	79

I

I

Vekta av lyset

Hun bærer barnet inn i kirka noen uker før dåpsdagen i mai. Vårlyset renner inn vinduene på sørsida som vender mot stranda. Der ute på grunna ligger ei sjøstjerne og blinker i sola. Vannet er så klart at saltet i det er synlig. Hun bærer barnet fra det hvite lyset ute inn i det halvmørke våpenhuset. Hendene hennes er kjempestore og bittesmå på samme tid, slik tunga også er i munnen. Hun har en krans av sol rundt panna, må løfte hodet høyt. Holder rundt den vesle kista, den veier ingenting

Weight of light

She carries the child into church a few weeks before the May baptism. Spring light pours through windows facing the shore on the south side. Out there in shallows a starfish gleams in the sun. The water so clear salt is visible. She carries the child from white light outside into the half dark vestibule. Her hands are huge and tiny at the same time, like the tongue in her mouth. A wreath of sun on her forehead, but she must hold her head high. Her hands around the small casket, which weighs nothing.

Dobbel Lilje

1

Lilja lener seg nonsjalant mot den skitne veggen
der hun kneler med hånda foran kroppen
og forsøker å dekke seg for solas kvasse blikk
Det hvite hodet fylt til randen av lys, holdt oppe av
den sterke halsen

2

Han plukker ei kremgul lilje og legger den på vannet
slik hun vil at han skal legge henne på vannet
dra henne rundt i sirkler, vugge henne fram og tilbake
og skulle hun synke skyve henne opp igjen ved hjelp av
én finger

Double Lily

1

The lily leans against a smudged wall
where she kneels, hand in front of her
trying to shield herself from sun's sharp stare
White head brim full of light, held up
by the strong neck

2

He plucks a cream lily and lays it on the water
the way she wants him to lay her on the water
pull her round in circles, rock her back and forth
and should she sink lift her up again with
one finger

Forberedelser

Vi skal henge opp de dryppende ryene
ta inn det blomstrende riset i krukker
koke suppe på knoken etter påskelammet

åpne opp lokket til flygelet
knytte flasker på greinene i eiketreet
og slå på stammen

ta en svømmetur i den iskalde sjøen
med korte, andpustne tak
plukke de sølvblå bærene på eineren

takke Gud i ei kirke av salt
øve på de russiske korsangene
hente rumpetroll hjem i norgesglass

Preparations

We shall hang up dripping rugs
collect flowering birch whips in jugs
boil soup on the bone from Easter lamb

open up the lid of the grand piano
tie bottles to branches of the oak tree
and beat the trunk

swim in the ice cold lake
with short, gasping strokes
pick silver blue berries of juniper

thank God in a church made of salt
practise Russian choral songs
bring tadpoles home in jam jars

og granske lyset gjennom det grønne vannet
stå foran speilet og telle vårene
ta en tur ned ei stille elv

se sola gli over den brune bunnen
og grave ut svarte skyggegroper
Vi skal koste sand og grus fra veien

Kanskje får vi ikke tid
Vi skal kjøre hjem over fjellet
men i hvilken retning?

study light through green water
stand before a mirror and count springtimes
paddle down a calm river

see sun glide over brown hollows
and dig out black shadow pits
We shall brush sand and gravel from the road

Maybe there won't be time
We shall drive home over the mountains
but in which direction?

Øyet

Mellom skulderbladene eller i halsgropen
sitter øyet, det blindt seende, med form som
en kongle, det framkaller drømmene og blir framkalt
av dem, det utskiller varme, har ham i sikte
øyet med brennvidder som gjør alle linjer krumme
Som et fiskeøye tar det imot brutte inntrykk
og setter dem sammen, skraper overflata nedenfra
Sakte svømmer det under huden, våkent, sjøl i
søvne, blunker ikke. Det pulserer i takt med hjertet i
en lydløs flukt, jeg svever over det og rundt det

Øyet har et filter som demper det sterke lyset han
skinner med, minsker dybdeskarpheten slik at han
alltid er nær. Det er han som er dette øyet i meg
som trekker og trekker meg til seg. Bildene
øyet mottar overgår synet, det aller minste
og det største trer fram, det skal overleve
hukommelsen

The Eye

Between shoulder blades or in the nape of the neck
is the eye, blindly seeing, in the form of
a cone, which produces dreams and is developed
by them, secreting heat, has him in view,
the eye with a focus that makes all lines curved
Like a fish eye it receives broken impressions
and pieces them together, scraping the under surface
Slowly it swims under the skin, awake, even in
sleep, does not blink. It pulsates in rhythm with the heart
soundless flight, I float above and around it

The eye has a filter which dims the bright light he
emits, lessens the distance so that he is
always near. He is this eye in me
that pulls and pulls me towards him. Images
the eye receives are more than sight, the smallest
and the largest press forward, will outlive
memory

Insekttimer

Når de stengte dørene står og slår i den
vindstille natta og klærne som tørker i varmen
bare avgir mer varme til rommet. Når du holder
glasset med vann opp mot lyset og fingrene du ser
gjennom glasset blir tynnere, ikke buttere
Når muligheten oppstår til å tvinge fram smil
Når lyset fra dagens første stråler soter
og det som skal være søtt smaker salt
I timene da vepsene ikke finner veien til bolet
men er på vingene. Når det du husker skinner
med et så sterkt lys at det visker ut minnene

Insect hours

When closed doors bang in the still night
and clothes drying in the heat give off
more heat in the room. When you hold a glass
of water up to the light and fingers you see
through the glass become thinner, not fatter.
When you can force a smile.
When the first beams of sunlight are soot
and what should be sweet tastes salt
In the hours when wasps can't find their way to the nest
but are airborne. When what you remember
shines with such a bright light you have no recall

Ord med røde bokstaver

Ordet for verdens minste øyelokkrykninger eller de ørsmå dråpene i søvnens tåke som trenger inn i kroppen og bedøver den, hva er det? Hva heter tida før lyset tar affære og får ting på plass i et rom igjen, når det henter ei skål rykende varm melk, setter bøkene med blanke rygger tilbake i hylla? Hva er ordet for hvordan huden snurper seg rundt neglen eller krymper i øyekroken, hvilket ord beskriver at sinusknuten plutselig dras til og blir stram? Hva er navnet på pausen mellom to regnskyll når været trekker pusten når den melkegrå sjøen ikke speiler himmelen? Hva heter tilstanden som bringer fram synet av elektronenes dans rundt den lysende kjernen i et mørknende sjukeværelse? Hva er ordet for trangen til å huske alle detaljene og modningstida tanken behøver for å glemme, ord som ikke er del av et ritual, men beslektet med håp?

Words with red letters

The word for eyelids that barely twitch or minute
drops of sleep fog which seep into and numb
the body, what is it? What do you call that time
before light comes in and puts things back in their
places, fetches a bowl of steaming hot milk, puts
books with shiny spines back on the shelf? What
is the word for how skin tightens round nails or
shrinks in the corner of the eye, which word describes
how the sinus suddenly tightens and stings? How
do you name the pause between two downpours
when the weather holds its breath and milk grey
sea does not mirror the sky? What kind of effect is
the dance of electrons round a bright nucleus in a dark
hospital ward? Which word means the urge to remember
details and slow growth the mind needs to forget,
words that are not part of a ritual, but
refer to hope?

Sult

Diktet kan vise fram det hvite fruktkjøttet
med røde marmoreringer, så friskt at det
spruter søte tårer. Det kan avsløre hvordan
tennene synker inn gjennom det hudseige skallet
og hvordan eplet sakte tygges og forsvinner mens
spyttet flommer

I et gjenskinn oppsto det glødende omrisset, et
skyggeeple ble hengende på netthinnen samtidig som
den siste biten av eplet gled ned. Men det var ikke nok
Diktet skar likevel ut. Det lot halvkilo-stor frukt
bli liggende på spinkle salgsbord, trille ned og slå
seg stygt, fordi det var på jakt etter noe annet, noe
mer

På leting etter et spesielt lys filtrert gjennom
flammende trær eller et hvitt mørke, fanger det
kanskje opp meldinger fra det som var eller
skal komme

Hunger

The poem can expose white fruit flesh
with red marbling, so fresh it spurts
sweet tears. It can reveal how
teeth sink in through tough skin shell
how the apple is chewed slowly and disappears
while saliva flows

Glowing outline is reflected, a
shadow apple stuck to the retina as the last
mouthful slides down. But that was not enough.
The poem tried to make a break for it. It left
half a kilo of plump fruit behind on spindly
trestles, rolled off and got badly bruised, because
it was chasing something else, something
more

in search of a specific light filtered through
blazing trees or a dark whiteout, perhaps
it picks up messages from what was
or will be

Innenfor lyskretsen

Væromslaget begynner med vindpust, en rund
åpning i synsranda er den skjelvende lyserøde
fontanellen til den nye dagen. Et hudfarget
gjenskinn brer seg, vekta av lyset og vinden
tærer på skaren. Spor og fordypninger setter seg
synker i seg sjøl før snøen forsvinner i flekker
Jeg går ut i skogen, trår gjennom. Blir nesa blendet
av vinden? Da husker jeg plutselig duften fra
det nyfødte barnehodet

Inside the circle of light

A change in the weather begins with a breath of air,
a round opening on the horizon
shaking red fontanel of a new day. A flesh
coloured reflection spreads out, heavy light
and wind erode the snow crust. Marks and hollows
settle in, sink down, as snow is reduced to flecks
I go into the woods, step through the crust. Is the nose
blinded by wind? Then I suddenly remember the scent
of the newborn's head.

I skogen

Her lytter elva med
sitt vannspeil

når den flyter rolig
fører det stemmene over

Ei solstråle blar seg
gjennom skogen

finner en myrflekk
med kryptiske lystegn

In woods

Here the river listens
a water mirror

when the flow is steady
voices are ferried across

A ray of sun leafs
through the trees

finds a patch of bog
encrypted light script

Gjenspeilingen av
ansiktet ditt

i den iskalde strømmen
Draget over panna

Det plutselige blaffet
av varm dyrelukt

fra de lydløse
som betrakter deg

Reflection of
your face

ice cold water draughts
across your forehead

Sudden whiff
of warm animal

from the silent
who track you

Tida løp avgårde
og forsvant mellom trærne

ingen vet hvordan
sporene ser ut

Hver vår øste de
vannet ut av koia

som om det var en båt
de bodde i

Time ran away
and vanished between trees

no one knows
what the prints look like

Every spring they bailed
water out of the cabin

as if their home
was a boat

Når du hvisker til skogen
visker den din uro ut

og tramper du i mosen
gjør den deg myk

Røyken av brent tre
smyger seg rundt

stammene, sprer
eim av klarhet

When you whisper to the wood
it wipes out your restlessness

and if you stamp in the moss
it softens you

Smoke of burnt wood
steals around

the trunks, spreads
clear air

Lysskrift

1

Du kom gående mellom gravsteinene med
skrift som var utslettet av frost, for
tynnkledt, ørene blottet, hals, fingre
nakne. Pulsen slo i sprukne lepper og
den hvite pusten kveilet seg som røyk
i det blå kveldslyset, ble til skrift
med glødende skygge. Og før du sa noe
lydene fra gata slo gjennom og lamper
ble tent, natta falt på, var det alt
gått lang tid, mange vintre

Light writing

1

You came walking between gravestone
inscriptions erased by frost, too thinly
dressed, ears exposed, neck, fingers
naked. Your pulse beat in cracked lips and
your white breath coiled like smoke
in the blue dusk, became script
with a luminous shadow. Before you spoke
sounds from the street interrupted and
lamps were lit, night fell, a long time
had passed, many winters

2

Vi dro nordover i bil mot et rom med
utsikt til to tvillingfyrtårn ytterst i ei
bukt. I pulserende sveip så jeg ansiktet
ditt og veggene lyst opp gjennom den grå
sommernatta. I en dobbel bevegelse, litt
ute av takt, rykket du nærmere, forsvant
igjen, trakk deg tilbake, som brenningen
til du steg inn med hele din forsvinning
og sved deg fast i meg. Der i rommet med
vegger av skygge

2

We drove north to a room with a view
of twin lighthouses in the outer bay.
In pulsating sweeps I saw your face
and the walls light up through the grey
summer night. In a double movement,
slightly out of sync, you came closer,
disappeared, pulled back, a breaking
wave, until you rose up, dissolving and
burning into me. There in that room
with the shadow walls

3

Våkner med verkende hender etter å ha ligget og vaket i drømmen, med knytta never, det er umulig å flyte slik av egen kraft. I bølgene lytter jeg etter tonen til vinden, på rolige dager en svak mørk tone, på urolige – skrudd opp mange hakk på veien rundt novene, langsmed takrenna. Salt dogg driver på innsida av vinduet. Hadde ei tynn stråle sol trengt inn svidd navnene våre i karmen, ville rommet ha husket oss

3

Wake with aching hands, after a dream
in which I swam motionless, with clenched
fists, not by my own effort.
In the waves I listen for the sound
of the wind, on calm days a weak dark tone, on restless
days – turned up several pitches round
the notched spars of the cabin, along
the gutters. Salt dew drifts inside
the window. If a thin ray of sun pierced through,
burnt our names on the windowsill, the room would
remember us

Glemt klesvask

1

Regelmessige blomsterrekker som mønster
på en duk, like unaturlig som nylon
Solfangerlaken slitt tynne av spørrende
kjærtegn

Ei strømpebukse som ser svak ut i beina
Et håndkle som minner om en skorstein
gråværsgrått barnetøy, ei solduftende
bluse med stive bånd

En vaskeklut salt av badesvette, en
koseklut barnet til slutt slapp i søvnen
vasket og vridd til det ugjenkjennelige
glemt ute

Washing left on the line

1

Regimented floral rows, pattern
on a table cloth, artificial as nylon
suntrap sheets worn thin by insistent
caresses

Tights weak at the knees
Towel like a chimney
grey weather-worn children's clothes,
sun-scented blouse with stiff bows

Flannel salty from a bath,
the comfort rag a child finally let go in sleep
washed and wrung until unrecognisable
left outside

2

Et selskap av fintøy hengt til lufting på
morgenkvisten, på bøyler med svikt, sklir
stadig tettere sammen mens de kler av seg
sine lukter

Undertøy blafrende over bakgården, små skygger
under himmelhvelvingen, og store, stramme
laken skjuler månen som rotet seg inn
blant klærne

Ei bleikblå skjorte klarte seg gjennom natta i
høyden, på snorer spent mellom takutspring
til vekta av lyset sendte den ut i åpent
rom

2

A party of smart clothes hung out for airing
early in the morning, on bouncy hangers,
sliding towards each other shedding
smells

Underwear billows over the back yard, small
shadows under the skies, and vast, tightly
stretched sheets hide the entangled
moon

Pale blue shirt made it through the night
high up, on lines strung between eaves
until the weight of light sent it out
into open space

3

I bakgården lyser det blått av den tunge snøen
som balanserer på klesvasken, legger seg på
skuldre av trøyer og stivermede skjorter
med all sin vekt

Kulda klistrer dem sammen til flak, kryster
ut spor av såper og os, fyller kjoler og
liv med fuktig luft, luft er ikke
ingenting

Stemmer som føres langs snorene knitrer i
snøfallet, plaggene blir til blå skygger
som vinker klossete fra
dødens sted

3

Back yard blue lit by heavy snow which
balances on the washing, lies down on
shoulders of vests and stiff-sleeved shirts
with all its weight

Cold pastes them together like sheets, squeezing
out residues of soap and smoke, inflating dresses
and life with damp air, air is not
nothing

Voices lead along the washing line, crackle
in snow fall, garments are blue shadows
waving clumsily
from the dead

På sjukehuset

Jeg fikk et glimt av deg gjennom ei halv-
åpen dør, litt av skulderen over nattskjorta
låret under falden og en bit av leggen, du
sto bøyd over den eggehvite vasken med
blå rør, med vekta på ene foten i utkanten
av det synlige spekteret, knehasene skinte
i blått, i stillfarende rødt, gjennomsiktige
– så gled døra igjen. I korridoren der jeg sto
rant skyggene langs veggen, ble slukt av
linoleumen, jeg kjente draget fra natta
midt i lufta, golvet skled
lydene ble borte i ringen av pust

At the hospital

I caught a glimpse of you through a half-
open door, the top of your shoulder above a night shirt
your thigh below the hem and part of your leg, you
were bent over the egg-white basin with
blue pipes, the weight of one foot on the edge
of the visible spectrum, hamstrings
shining in blue, in reassuring red, transparent
– then the door glided shut. In the corridor
shadows ran down the walls, were swallowed by
lino, I felt the cold draught of night
in mid air, the floor slid
sounds died in a ring of breath

Museum

På det gamle kjøkkenet hadde et rør
sprunget lekk, vannet ble pumpet ut som
blodet fra en pulsåre, det flommet over
skiferhellene og brant i gjenskinnet
fra ilden på grua

Det flakkende skjæret dundret, sang
i de smårutete vinduene. Rødt lys ble
knust til dråper på innsida av glasset
som om det fantes en vind i rommet, kald
og varm

Museum

In the old kitchen a pipe
had sprung a leak, water pumped out,
blood from an artery flowed over
slate flagstones and burned, reflection
of the hearth fire

Shifting flames roared, sang
in small window panes. Red light
crushed into drops inside the glass
as if there was a wind in the room, icy
and warm

Ei fjær som var blitt skylt fram fra
kroken den hadde gjemt seg i, snurret
på strømmen med lysets hastighet og lysets
vekt, spant inn i ildens skarpe skygge
og forsvant, endelig

Vannet truet med å skli over terskelen ut
i gangen der vi sto og kikket inn, opp-
stilte bak en snor mørk av mugg. På det
glatte tapetet silte doggen i sporene
etter vannmerker

A feather, flushed out of
its hiding place, spun on the torrent
at speed of light and light's weight,
whirled into fire's sharp shadow
finally disappeared

Water threatened to slide across the threshold out
into the hall where we stood peering in
lined up behind a rope black with mould. On
smooth wallpaper dew embossed
watermarks

En dag med striregn; guiden trippet i gummi-
støvler, ville ha oss til å lytte etter
sprø harpeklang i trekken, og tonene skar
virkelig gjennom bruset, fra strenger
utspent i brystet

A day of drenching rain; the guide tripped
in rubber boots, wanted us to listen out for
dry resonance of a harp, and notes
cut through the storm, from strings
stretched tight across the breast

Snølys

Ingenting støyer mer enn snølys kan. Den blå
tonen bølger med brede sveip gjennom lufta
og slår mot gardiner, trommehinner, finner
egenfrekvensen i utelamper når de bleikner
i grålysningen. Det skjer ganske seint på
dag i februar, så langt mot nord

Med dagslyset stiger den isblå tonen
langsomt til den trenger gjennom
vinduer og vegger og fyller alle rommene
I et bestemt øyeblikk før snøen gråner
i vinterdagen og kimingen fra snøen avtar
slutter huset å puste, det begynner å sveve
i stedet, og de som lister seg ned trappa
fra andre etasje kjenner gyngingen i steget

og at hjertet hopper over noen slag
før det skyter fart, dundrer i
øreganger og lepper. Det skjer i ly av
stillheten

Snow light

Nothing is noisier than snow light. The blue
note oscillates in steep waves through air
clashes with curtains, ear drums, finds
the frequency of street lights when they bleach
at dawn, near the end of the day
in February, so far north

With daylight the ice blue note rises
slowly until it pierces
windows and walls, fills all the rooms
in the precise moment before snow turns grey
and the ringing dies down
the house stops breathing, it starts to float
and those who walk softly downstairs
from the top floor feel the place rocking

the heart misses a few beats
before it starts racing, drumming
the inner ear and lips. It happens in the lee
of silence.

Oppdrift

Vinterkåpa er dryppende tung, vasket i elva
slik de gjorde før og kanskje vil gjøre igjen
en gang. Den ligner en bjørnefell, sol
strømmer gjennom øyehuler og kjeft. Det ser ut
som den smiler, forsiktig, slik folk ofte smiler
på fly eller legekontor

I elva veide den nesten ingenting. Heist opp
på en provisorisk snor mellom to tynne bjørker
soper den bakken, men letter sakte i varmen

Vi tar oss et bad, ligner kåpas lyse silkefôr
der vi driver på rygg i det kjølige vannet
gysninger sender lysglimt inn i hjernemørket
Og vi flyter så lett når vi bare tør
hvile hodet bakover

Buoyant

The winter coat is soaking wet, washed in
the river as they did once and might
again. It resembles a bear's pelt,
sun streaming through eyeholes and muzzle.
It seems to smile, carefully, as people often do
on planes or in doctors' waiting rooms.

In the river it weighed next to nothing. Hoisted up
on a makeshift line between two birches
it brushes the ground, but rises slowly in the heat

We bathe, silk lined as the coat
drifting in cold water
shudders ignite sparks in the dark brain
And we float so easily if we dare
let our heads fall back

Tanker om spekteret

I skogen er lysningene de mørkeste stedene, der
henger ropene igjen og skygger for lyset

Vi går om bord i flyet, det stiger stivt, seiler
i luftas hav over infrarøde flekker i landskapet

Jeg har hørt deg synge, husker hvordan det traff
meg da du plutselig stemte i. Det finnes ord for
det umistelige i alles liv, beskyttet av lys

Rommet står ikke stille i tida. Det røde eller det blå
lyset utenfor det synlige spekteret er virksomt i oss

Thoughts on the spectrum

Clearings are the darkest places in the wood
cries hang there and screen the light

We board the plane, it climbs rigidly, rides
the ocean of air above infrared flecks in the landscape

I heard you sing, I remember how it struck
me when you suddenly joined in. There are words
for the irreplaceable in our lives, shielded by light

The room does not stand still in time. Red or blue
light outside the visible spectrum is at work in us

II

II

Århundrets hemmelighet

Ingen steder i sjølbiografien hennes og heller ikke i diktene nevner hun noe om det. Jeg finner ingen skygge av den historien hun fortalte meg. Den som må ha satt så dype spor, den som må ha snudd verden opp ned for henne, den hun må ha grublet over og drømt om hele livet etter at det skjedde. Hele sitt skrivende liv og litt lenger. Hun betrodde seg til meg, ei ung kvinne på gjennomreise, som må ha hatt mye til felles med henne slik hun sjøl var nesten førti år før. Hun fortalte meg det ved stuebordet i leiligheten i den travle men tomme byen, der utrykningsbiler ulte gjennom gatene, kattene flokket seg i bakgårdene, duene vaglet seg på branntrapper og svimlende gesimser. Men hvor var menneskene? Jeg traff henne flere ganger, men denne gangen var jeg rådvill og redd. Det må ha vært da hun delte hemmeligheten sin med meg, på sitt milde vis, i de lyse rommene med bøker fra golv til tak som dempet alle lyder, også hjertelyden. Da løftet hun meg opp ved å fire seg ned. Hvorfor så jeg det slik? Jeg husker stunden, jeg husker hvordan hun vred hendene sine. Jeg husker den fjerne lyden av vind, slik vinden bare høres ut når den føres gjennom sluktene av gater i en by. Nå, nesten tretti år

Secret of the century

Nowhere in her autobiography nor in any of her poems is it mentioned. I find no trace of the story she told me. The one which must have left a deep scar, which must have turned her world upside down, which she must have dreamt about and brooded over for the rest of her life. For the whole of her writing life and even longer. She confided in me, a young woman who happened to be passing through, who would have been a lot like her, forty years earlier. She was sitting at the dining table in her flat when she talked to me, in that busy but empty city, where emergency vehicles wailed down streets, cats congregated in backyards, pigeons perched on fire escapes and giddy cornices. But where were the people? I met her several times, but this time I was confused and scared. This must have been when she shared her secret with me, calmly, in those bright rooms with books from floor to ceiling which muffled all sounds, even the sound of a heart beat. Then she lifted me up by lowering herself down. Why did I see it like that? I remember the moment, I remember how she twisted her hands. I remember the far off sound of wind, the way wind sounds when it is funnelled through the streets of a city. Now,

seinere, mens jeg leter etter bevis i bøkene og brevene, blir jeg stadig mindre sikker på om jeg husker rett. Det skal ha skjedd i tida like etter krigen, i hemmelighetenes tidsalder. Men fortalte hun noen hemmelighet?

almost thirty years later, while I search for proof in books and letters, I am increasingly unsure of what I remember. It is supposed to have happened just after the war, in the age of secrets. But did she really tell me a secret?

Diktets ånd

Ut i vinden for å berge klærne på snora. Kappløper med regnet. Da kommer et dikt seilende så du må hive det du har i hendene for å få fatt i det. Du må kaste fra deg de lyseblå sokkene og vantene, babylua, den hvite vamsen, de nybleika trusene, et oransje stretchlaken, utvaska håndklær og kopphåndklær, ei stripete skjorte og ei olabukse. Nesten to maskiner for å få fanget ett dikt. Et lite dikt om tvil. Et dikt om å flyte på melodiene eller gripe ned i akkordene, om kjærlighet og tillit. Du må henge i, bestemme deg. Om du strekker deg kan du akkurat få tak i halen på det og skrive det ned baklengs. Men der og da, når tordenen ruller, himmelen mørkner, virker diktet mer flyktig enn favnen av nesten tørt, lysende tøy.

Breath of a poem

Out in the wind to rescue washing from the line. Racing against the rain. Then a poem is blown past so you must throw away what you have in your hands in order to catch it. You must chuck the light blue socks and gloves, baby cap, white cardie, bleached pants, orange stretch sheet, worn towels and tea towels, striped shirt and pair of jeans. Almost two washing machine cycles for the sake of getting a grip on one poem. A small poem about doubt. A poem of rapid scales and snatched chords, of love and confidence. You must hurry, make a decision. If you reach out you can just catch its tail and write it down backwards. But then, as thunder rolls, and the sky darkens, the poem seems to fly off more quickly than the armful of almost dry, luminous clothes.

Utenfor allfarvei

Sola står lavt på himmelen når vi svinger av fra riksveien og kjører innover i skogen. Det støver på den hullete veien mellom tettvokste trær, vi sveiver opp vinduene. Gjennom det mørke filteret av graner og virvlende grus skjærer solstråler inn i bilen. To unge mødre, tre smågutter på hvert sitt sammenrulla badehåndkle i baksetet, våte og svette, og en søvntung baby som sklir av fanget, med kurs mot vest, i retning dikterkoia. Kveldssultne, musestille. Tida opphører der vi humper fram gjennom sving etter sving, over søkk og moer, langs stadig nye vegger av stammer. Men tussmørket kommer, trærne virker som de står med røttene i himmelen, hogstfelt ligner plutselig slagmarker. Er det en kolle vi får øye på eller silhuetten av en diger elg? Vi er langt hjemmefra. Det kan skje i diktet. Ofte finnes det ikke lyder, mørket kommer nærmere sjøl om noen tenner bål mot natta eller synger barnesanger. Til og med en varm seinsommerkveld blåser det kaldt fra svake stjerner. Vi stanser og snur, fortsetter ikke helt fram. Den vesle bilen med flakkende lys fra lyktene finner veien tilbake. Restene av oransje sollys fyller fremdeles kupéen.

Off the main road

The sun is lodged in the sky as we turn off the main road and drive into the woods. Dust whirls on a bumpy potholed track between tall, densely planted trees, we wind up the windows. Through the dark filter of spruces and swirling gravel sun rays cut into the car. Two young mothers, three small boys each on a rolled up bath towel in the back seat, wet and sweaty, and one baby, heavy with sleep sliding off a lap, travelling west, towards the poet's croft. Evening hunger, quiet as mice. Time stops as we bump along round one bend after another down valleys and over moors, along yet more walls of tree trunks. Night draws in, trees seem to stand with their roots in the air, swathes of felling are a battlefield. We catch a glimpse of a hill or is it the silhouette of a giant elk? We are far from home. This can happen in a poem. Often there is no shelter, darkness falls even if someone lights a fire to keep it at bay or sings nursery rhymes. Even on a warm summer's evening a cold wind blows from faint stars. We stop and turn around, do not carry on to our destination. The small car with flickering headlights finds its way back. Remnants of orange sunlight still flood the interior.

Stille sommer

En varm julidag i London i en hage bak høye murer prydet med glasskår. Sola steiker, lyset sildrer gjennom det kopperbrune løvet. Katter døser, frosk forsøker å dykke i de tørre hagedammene. I sprekker i muren blinker blålige insekter (om kapp med glasskårene). Sjøl om det er lenge siden telen gikk av jorda, over hundre år, skjedde det nettopp noe som kunne minne om en isløsning. Med nattvinden kom et merkelig støv som smeltet da gradestokken steg, og en stund etterpå deiste ei kattugle i gresset. Like før den falt kjentes en risting i bakken som ikke kom fra Undergrunnen. En gang i tida hendte det at de spikret opp ugler på inngangsdører eller låvevegger, som en slags korsfestelse. Om de hørte dem tute like ved eller fikk en av de store fuglene inn i huset, krevde det handling. Skrekken ble satt isystem, et stadig mer mektig og innviklet system av jærtegn, med rugende ravn i skorsteinen og hylende hunder under unnfangelsen, barn som blir født med tenner. Trodde de ugla ville vekkes til live igjen? Når kattugla i Kensington dør sommeren 1962 er det ennå femti år til jeg skal lese om den og bare håpe at det ikke var en ulykkesfugl, et endelig varsel.

Silent summer

London, on a warm July day, in a garden behind high walls embellished with shards of glass. The sun baking hot, light trickles through copper brown leaves. Cats doze, frogs try to bury themselves in dried out garden ponds. In the cracked wall blue insects flash (competing with the broken glass). Although it is a long time since the ground was frozen, more than a hundred years, a memory arises of breaking ice. The night wind brought a strange dust which melted as the thermometer rose, and shortly afterwards a tawny owl crashed to the ground. Just before it fell the earth shuddered and it was not an Underground train. Once upon a time they nailed up owls on porch doors or barn walls, a mock crucifixion. If they heard them hoot nearby or one of these great birds got into the house, they had to take action. Terror was part of the system, an ever more powerful and complicated system of omens, brooding ravens in chimneys and hounds howling during conception mean that a child will be born with teeth. Did they think the owl would come back to life? This tawny owl dies in Kensington, in the summer of 1962, fifty years before I read about it and hope it was not an omen, a final warning.

Lost Lake

På stedet som lignet en skog ved det som lignet ei strand, lå noe som lignet ei gammel hytte. De store vinduene vendte ut mot et basseng som lignet en innsjø. Fluesnappere jaget skyggebildene sine like over vannflata, og små, lokale høytrykk løftet dem til værs før de landet forsiktig på de gyngende greinene til store importerte trær. Her bygde de reir og la ekte plastblå egg, vår etter vår. Hit kom jeg en sommer. Og mens jeg lå på en sofa som lignet en benk ved vinduet, så jeg hvordan katta som lignet et kjæledyr tok de nyutklekte usikre flygerne, en etter en, i basketak, helt til foreldreparet ble alene. Jeg fulgte med som på en film hvor handlingen var lagt til en glassveranda på ei tømmerhytte, et feriested. Folk kom og reiste, de fleste de samme, litt eldre for hver gang. De fikk barn og barna fikk barn igjen. Det var også noen fremmede med av og til, sikkert gjester.

Ei ung kvinne var med en stund, påfallende lenge. Hun ble liggende og tenke. Men gjorde hun det? Det så ut som hun lyttet etter noe. Da hun til slutt dro var hun mindre enn da hun kom.

Lost Lake

Somewhere like a wood near what looked like a beach, stood something like an old cabin. Large windows looked onto a pool which was like a lake. Flycatchers chased their mirror images just above the surface of the water, and small thermals lifted them up in the air before they landed carefully in the swaying branches of tall imported trees. They built nests and laid real plastic blue eggs, year after year. I came here one summer. And while I rested on the sofa which was like a bench near the window, I saw how the cat which was like a pet took the newly hatched uncertain flyers, one by one, until the parents were left all alone. I observed this as if it were a movie in which the action takes place in the glass porch of a log cabin, a holiday home. People came and went, most of them the same, a little bit older each time. They had children and the children had children. Now and again there were also some strangers, probably guests.

A young woman joined them for a while, an unusually long while. She was lying in bed and thinking. But was she really thinking? It looked as if she was listening for something. When she finally left she was smaller than when she arrived.

Konsert

Jeg vet hvordan det ser ut å fyre for kråkene, eller hvordan jeg forestilte meg det. Dansende fugler i en grå spiralsky over hustaket mot en skittensvart vinterhimmel. Det var kanskje andre røyksøyler i nærheten, men i denne fløy det kråker som ble mykere, blankere av varmen, kråkevakre, fugleblikkene sløret av hvitt mørke. Med et blikk som ligner stirrer jeg opp i taket av konsertsalen med de akustiske innretningene, jeg seiler dit opp på strømmene av hørbare og uhørlige toner. Derfra kan jeg se oss sitte her nede, lyttende og spillende, våkne, med øynene igjen. Vi ligner et bilde av denne salen fra den var ny eller en annen sal i nærheten for over hundre år siden, den som ble lagt i ruiner. Vi har vært her før, eller andre er kommet tilbake, på ferden rundt sola er vi kommet inn i samme luftige spor. Nå er alle her på én gang, samlet rundt et hvitt lys som fins i musikken, eller et gjennomsiktig mørke, noe som beskytter oss.

Concert

I know what it means to make a fire for the crows' benefit,* or how did I imagine birds dancing in a grey spiral cloud over the roof against a soot black winter sky. There may have been other pillars of smoke nearby but in this one the spiralling crows became more fluent, glossier from the heat, beautiful crows, their gaze slurred by a white darkness. With their eyes I look up into the concert hall ceiling and its acoustic devices, sail there on currents of audible and inaudible notes. I can see us sitting below, listening and performing, wide awake with eyes shut. We look like a picture of this hall when it was new or another hall not far away a hundred years ago which fell into ruins. We have been here before, or others have come back, on our journey around the sun we are joining the same flight line. Now we are all here at the same time, gathered around a white light found in the music, or a transparent darkness, that shelters us.

Norwegian proverb about wasting heat.

Nærsynt

Det er snart, på dagen, femtitre år siden herr Chatzaridis var ute og gjette i bakkene over Thessaloniki. Han kunne kanskje ha snudd seg og sett mytologiske skip gli ut Thermaki-bukta, men han holdt øye med dyra. Plutselig setter han fast foten og trår gjennom et hull i bakken. Aristoteles som en gang gikk i de samme åsene under den samme brennende vårsola, sa at føttene er formet slik at vi skal kunne gå rundt på jorda, at mennesket er som det alltid har vært ut ifra sin funksjon. Men da visste han ikke om dette hullet som viste seg å være inngangen til ei kalksteinsgrotte, befolket lenge før historien, nesten en million år. Var det snakk om folk så langt tilbake? De hadde visst det karakteristiske lille ansiktet som vi også har, og det harde, store kraniet. Da var det allerede smertefullt for dem å føde. Svangerskapet var nok like skremmende utilstrekkelig. Det store hodet, som vårt, ble støttet av øverste ryggvirvel, så de kunne nikke. Men hadde de stemme? Hadde de ord å si ifra med? Dekket de seg til med noe?

De hadde temmet ilden, tok den med seg under jorda så den lyste opp de dryppende kamrene, men svakt. Rester etter verdens eldste påtente ild og bein av utdødde dyrearter ble også

Near sight

It is almost, to the day, fifty-three years since Mr Chatzaridis was tending his flock on the hills above Thessaloniki. He could perhaps have turned around and watched as mythical ships glided out of the bay of Thermaki, but he kept his eye on his sheep. Suddenly his foot is held fast and he steps through a hole in the ground. Aristotle once walked the same hills under the same burning spring sun, said that our feet are formed so that we can roam the earth, and that our faculties have always been the same. But then he did not know about this hole which turned out to be the entrance to a limestone cave inhabited almost a million years before our history begins. Are such ancient inhabitants called people? They seem to have had the characteristic small face that we have and the large, hard cranium. Giving birth was probably just as terrifyingly painful. The big head, like ours, was supported by the upper dorsal vertebrae, so they could nod. But could they talk? Did they have words to communicate with? Did they have something to cover themselves with?

They had tamed fire, took it with them under the earth so that it lit up the dripping chambers, but feebly. Remains of the world's

gravd ut der nede. De hadde nok stemme eller fløyter i alle fall, som de brukte til å kartlegge hula, se det de ikke kunne se.

Jeg lytter etter sønnenes stemmer mens vi balanserer på smale stier langs tynne snorer på sightseeing-ruta. Det er avgrunner på begge sider. Jeg vet at avkom har overlevd her nede i hundre-tusenvis av år. Jeg følger med, men klarer ikke å få overblikk, så jeg fokuserer på føttene deres i stedet, de lyse barneføttene i de glatte sandalene.

oldest ignited fire and bones from extinct animal species were also excavated down there. They probably had voices or at least flutes, which they could use to chart the cave, to see what they could not see.

I listen for our sons' voices as we balance on narrow walkways with thin ropes along the sightseeing route. There are sheer drops on each side. I know that infants survived down here for hundreds and thousands of years. I keep a watchful eye on the boys, but don't have a complete view of them, so I focus on their feet, the children's pale feet in slippery sandals.

www.ingramcontent.com/pod-product-compliance
Lightning Source LLC
Chambersburg PA
CBHW031930080426
42734CB00007B/621